CHATEAU

DE

BEAUREGARD,

A VILLENEUVE S.-GEORGE.

LETTRE latine du Contrôleur-Général, LE PELLETIER, successeur de Colbert, adressée, en 1695, à M. ROLLIN, Recteur de l'Université de Paris, contenant la description de ce Château. — Traduction de cette Lettre.

DESCRIPTION du même Château faite en 1806,

Par M. VERNIER, *Sénateur.*

PARIS.

DE L'IMPRIMERIE DE TESTU, IMPRIMEUR DE L'EMPEREUR.

1807.

ÉPRIS des beautés du site de la maison que j'habite à Villeneuve S.-George, j'en fis la description en 1806, dans une lettre adressée à un ami. Un de mes respectables collègues, M. Abrial, ancien Ministre de la Justice, aussi versé dans les belles-lettres que dans le droit public et privé, me dit, après l'avoir lue, que M. Le Pelletier, qui succéda à Colbert, au Contrôle général, en 1711, avait fait une description latine, de la même habitation, dans une lettre adressée au célèbre Rollin. Cette lettre se trouve en effet dans les Opuscules de cet Auteur ; elle est datée de Villeneuve St.-George, du 4 des Kalendes de septembre 1695 (*a*). C'est précisément le même local, et la même maison. Frappé de cette singularité, j'ai cru devoir la traduire, non pour comparer ma description à celle de ce ministre, qui est infiniment supérieure, mais pour faire connaître que les mêmes sentimens produisent souvent les mêmes idées, et que les mêmes pen-

(*a*) Tome 1er de ces Opuscules *in*-12, imprimés à Paris, chez les frères Etienne, en 1711.

sées, peuvent être reproduites par différentes personnes, lorsqu'il s'agit de localité, de paysages et de perspectives.

Quant à ma traduction, j'ai essayé de la rendre fidèle, sans être servilement littérale. Pour m'assurer de son exactitude, j'ai prié mon collègue de la vérifier, et j'ai profité de plusieurs observations intéressantes qu'il a eu la complaisance de me faire.

La principale différence que l'on remarquera entre les deux descriptions, est que celle de Le Pelletier s'étend davantage sur les détails champêtres, et sur l'intérieur de la maison, tandis que je me suis principalement attaché à représenter les objets en grand, et à décrire les perspectives variées et les magnifiques paysages que ce local offre à l'admiration.

CLAUDIUS LE PELLETIER.

Carolo Rollin Rectori amplissimo.

ALIQUID de rusticatione nostrâ ad te scribere, carissime Rolline, gestit animus, deambulatione, et ipso ruris silentio excitatus, quæ magna sunt incitamenta cogitationum, quas postquam Reipublicæ laboriosiùs impendi, ad rerum rusticarum voluptates sapientiæ proximas revocare conor. Sed cùm fas non sit doctissimæ Academiæ Rectorem adire, nisi sermone latino, quem penè inter aulæ et negotiorum curas dedidici, non sine *Comite Rustico* hanc tibi dictarem Epistolam. Liceat commendare Villamnovam apud te, qui scis amores meos esse, et verè amores meos. Ipsam enim cupidè emi, satis eleganter ornavi, et diligenter colui. Indulge ergo amori nostro, dotesque Villæ accipe, quæ et tibi auditu, et mihi relatu gratissimæ erunt.

Laudanda primùm vicinitas Urbis, ita ut peractis quæ agenda fuerint, salvo jam et composito die possis illuc pervenire : opportunitas viæ, quæ plano tramite Sequanæ littus obambulat, deindè cursu amœno per lætissima prata, et fertilissimos campos diffunditur et patescit. Tam gratum iter desinit in longos arborum ordines, per quos fallente clivo facilis patet ascensus ad Villam nostram, quæ penè in colle imo posita, vicinæ regioni superеminet. Mira ibi temperies aëris, et cœli clementia.

Areæ longæ latæque bipartito gramine viridantes in ipso statim aditu occurrunt : multum illæ ruris vident, patentes campos, longinquosque colles prospiciunt, et singulari jucunditate præcedunt simplicem et tamen venustam dispositionem ædificiorum. Horum medium patescit, et advenientibus offert atrium pictis venationibus ornatum. Ædes usibus capaces et elegantes, non sumptuosæ. Quæ pars ædium Deo sacra est, auro sola resplendet. Cubicula tam feliciter disposita, ut quæ plurimo sole perfunduntur, sint in frigore tepidissima; quæ verò umbrâ utuntur, sint in æstu frigidiora, et Favonios accipiant transmittantque, dum sine injuriâ ventorum patent fenestræ, ex quibus multarum quasi regionum diversas facies oculus distinguit et miscet. Nec deest bibliotheca, quæ lectitandos libros exhibet, et imagines virorum probitate et doctrinâ illustrium, egregia simul et præcepta, et exempla virtutis. Aliud atrium superius, necnon porticus longa et lucida picturis pluribus illustrantur. Hinc diætæ hospitibus gratæ sibi invicem patentibus ostiis pervios aspectus præbent, ita ut quocumque inciderint oculi reficiantur dulci spectaculo camporum, quasi tabulis ad eximiam pulchritudinem pictis. In superiori parte ædium cellæ plures dormitoriæ satis mundæ, ut excipere amicos possint. His omnibus adjacent ædificia usibus domesticis destinata, non tamen omninò contigua, ne voces et lusus servorum obstrepant, aut odores mali offendant.

Exeuntem tectis excipit hortus concisus in varias figuras liliis, buxo, rosis, violisque descriptas. In medio fons altior et largior myrtis, taxis tonsilibus, florentibus lauris, et viridi quâdam scenâ includitur. A latere tectorum et horti ambulatio satis longa, undè latissimum diversi prospectus spatium. Imaginare amphitheatrum quoddam immensum, quale sola rerum natura potuit effingere, quod ornatissimis collibus cingitur, in quibus nunc continua, nunc intermissa tecta Villarum, et aliquando sylvæ aut vites gratissimam varietatem objiciunt. His diffusa agrorum planities subjicitur, quam fluminis cursus secat et irrigat. Hinc descensus lapide polito satis splendidus ad inferiorem horti partem. Undique suavitates odorum exhalant è floribus, quos interjacent arbusculæ simper virentes, et variis omninò formis distinctæ. Surgit ibi fons alter, cujus salientes latices implent amplissimum aquarum orbem gramineo margine inclusum. Videas quoque sedularum apum cereas domos vitro inclusas, regna potiùs dixerim ; exempla scilicet diligentiæ, laboris, providentiæ, regalis obsequii, et benè instituæ Reipublicæ. Succedunt et pingues horti, qui non possunt esse amœniores aspectu, nec fructibus lætiores, quorum non tam cultura, quàm ipsa pulchrior natura delectat. Feracissimum ubique et molle solum, ita ut saxum non facilè, si queratur, occurat.

Ibi olera, ibi fruges, ibi viridia, ibi arbusta, et pomaria obviis et paratis irrigationibus nutriuntur.

Nemora verò ordinibus solerter dimensa offerunt gratum abditumque secretum : Hinc umbrosa Labyrinthus errores varios includit; hinc fons largior tectus nativo fornice circumjectarum arborum effundit frigus amabile, egeritque aquam in altum, quæ in se cadens recipitur non superbo marmore, sed puro cespite, in quo continetur nec redundat; mox sibi ipsi reddita quasi liberior exultat. Rivulus indè nascitur, qui ingenuo topho inclusus, discurrensque per infractus sylvæ, non sine dulci susurro natantes aviculas suaviter aspergit, tandemque velut longo errore fessus, sub terras furtivo lapsu fugit, quò se dum præcipitat paulò rapidius, leni vorticantis undæ murmure leves invitat somnos, nec procul indè rursùm è medio herbescentis viriditatis emicat. Ad musicam quoque circumsonant chorì alitum, philomelæ cantus, dulces querelæ et turturum gemitus. Locis in pluribus disposita sedilia ambulatione fessos juvant, licèt ita leniter et sensim hortus totus assurgat, ut cùm ascendere te non putes, sentias ascendisse.

Subest nemoribus altera deambulatio magis longa et spatiosa, quadruplici ulmorum serie obumbrata, quam viridis tapes discriminat, et murus humiliter assurgens claudit buxo vestitus, undè tam patens et liber prospectus, quàm è summo. Si spatiantibus non sufficiant horti, licèt pro luxuriantis seculi mensurâ ampliores, egredientes excipit longissimus tractus arborum, quæ inter planissimos agros deducunt ad ripam vicini fluminis. Ibi prata florida et gemmea, herbæque molles et semper novæ alunt numerosa pecorum armenta, et longos ovium greges, divitias ruris : pecoribus verò, et pecorum magistris salices ordine dispositæ hospitalem umbram præbent. Undique venatio commoda, copiosa et libera.

Nec prætermissum esse velim rus modicum, priores meas delicias; quod quidem majori subjacet, nec invidet tamen. Nihil quippè illi deest quod sapientis domini usus possit exigere ; ac meo sanè judicio quædam philosophia in ejus mediocritate inesse videtur, quæ aliarum villarum objurgat insaniam.

Inter hæc oblectamenta plus multò in rure nostro aratur, quàm verritur. Ea nempe cultura maximè placet, quæ magis operâ quàm impensâ constat, provisumque est, ne villæ tutela oneri esse possit, aut tale dispendium trahat, quod exprobrare domino imprudentiam videatur. Vicus in proximo satis validus, in quo aquæ saluberrimæ, operariorum, et proborum colonorum copia ; denique vicini nusquam importuni.

Justisne de causis, mi Rolline, eum tibi videor lubens incolere, inhabitare, et diligere secessum, ubi corpore et animo maximè valeo ; ubi datur honesta remissio curarum ; ubi inter innocentissimas ruris amœnitates mihi soli, et bonæ menti vacare permittur ? Nonne ibi senescere licitum esse debet viro qui totum se Reipublicæ obtulit, quamdiù decuit ? Prima enim et media vitæ tempora patriæ, extrema nobis impertire debemus, ut ipsæ leges monent, quæ majorem annis sexaginta otio reddunt. Quod utinam Deus sapienter nobis occupatum efficiat ! Vale.

Datum apud Villam-Novam 4 *Kal. Septemb. an* 1695.

Traduction de la Lettre précédente.

L'OBJET de cette lettre, mon cher Rollin, est de vous entretenir de mon habitation champêtre ; la promenade et le silence font naître dans mon esprit une foule de pensées que je dirige principalement sur ces plaisirs purs, amis de la sagesse, que l'on goûte à la campagne, après avoir rempli la pénible tâche de ses devoirs. Mais comme il ne conviendrait pas d'écrire au Recteur d'une savante Université, dans une autre langue que la latine, quoique je l'aie presqu'entièrement oubliée au milieu des occupations de mon ministère, le *comes rusticus* viendra à mon secours (*).

(*) Le Pelletier fait ici allusion à un recueil intitulé : *Comes rusticus* (le compagnon rustique) qu'il avait précédemment mis au jour. Ce petit recueil renferme

Qu'il

Qu'il me soit permis de peindre les charmes de ma campagne de Villeneuve, à celui qui sait qu'elle fait mes plus chères délices. Je désirais ardemment d'en faire l'acquisition; devenu propriétaire, je l'ai ornée avec quelqu'élégance, et je l'ai cultivée avec soin; ayez donc

---

divers extraits de ce que les auteurs latins ont écrit à la louange de la vie champêtre, Rollin en fait mention dans une lettre adressée à Le Pelletier, le 9 avril 1697 :

« Depuis que vous avez donné au public le *Comes rusticus*, vous vous êtes acquis un droit légitime sur tout ce qui regarde les louanges de la vie rustique ». De-là il prend occasion de lui envoyer un extrait de ce que Saint-Chrisostôme a dit de la campagne dans sa 19e. Homélie au peuple d'Antioche.

« Dans les campagnes règnent la tempérance, la modestie, la pudeur. On n'y voit point de spectacles, de combats de chevaux, etc., mais loin de là les embarras et les soins des villes. La vie laborieuse de leurs habitans leur apprend la sobriété, la sagesse; occupés à labourer la terre, ils exercent un art que Dieu a introduit avant tous les autres, car Adam, avant le péché, exerçait l'agriculture, non d'une manière pénible et laborieuse, mais comme en se divertissant : « *posuit ipsum ut operaretur et custodiret pradisum* ».

de l'indulgence pour cet objet de mes affections, et connaissez quels en sont les agrémens. Puissiez-vous avoir autant de plaisir à les voir retracer, que j'en ai moi-même à vous en entretenir !

Un de ses premiers avantages est sa proximité de la ville ; après avoir expédié ses affaires, on peut aisément s'y rendre sur le déclin du jour. La route assise sur une plaine unie suit dans sa première direction les rives de la Seine ; elle offre ensuite de vastes prairies, de fertiles cultures, et se termine agréablement par de longues allées d'arbres qui, en dérobant la pente de la montagne, laissent croire que l'on arrive facilement à mon habitation. Placée presqu'à la sommité, elle domine sur tous les terrains voisins, et jouit d'un air pur et salubre.

En quittant la route pour arriver à ma retraite, se présentent deux grandes pièces de gazon d'une verdure étincelante; delà on découvre de vastes campagnes et, dans le lointain, des collines qui récréent très-agréablement la vue; on arrive bientôt près d'une maison simple, mais d'une architecture gracieuse, dont l'entrée, placée dans le milieu de l'édifice, conduit à une salle ornée de peintures de chasse. Les appartemens commodes, et même élégans, ne se font pas remarquer par leur somptuosité; l'or ne brille que dans la chapelle consacrée à l'être suprême. Les chambres sont si heureusement disposées, que celles qui sont exposées aux influences du soleil, conservent dans les tems froids une douce chaleur, et que celles qui sont au nord ont l'avantage de procurer en été une agréable fraîcheur; des fenêtres, l'œil découvre une foule de paysages et de perspectives variés. On y trouve une bibliothèque qui peut offrir différens genres de distraction; elle est ornée des bustes des hommes illustres qui se sont distingués par leur probité et leur savoir, de ces hommes, dont la conduite et les écrits servent tout-à-la-fois de préceptes et d'exemples; au-dessus est une autre salle et une longue galerie enrichie de diverses peintures. En ouvrant les portes qui communiquent d'un appartement à l'autre, on se procure des aspects tellement diversifiés, que partout où l'œil se dirige, il jouit d'un spectacle aussi enchanteur que si on lui présentait les plus magnifiques tableaux.

Dans la partie la plus élevée de la maison, sont de petites chambres destinées au repos, et disposées pour y recevoir des amis. Près de l'habitation, sont les bâtimens destinés au logement des domestiques, mais à une telle distance, qu'on ne puisse être incommodé de leur voisinage.

En sortant de la maison, on entre dans un parterre décoré de bordures de lys, de buis, de roses et de violettes; au milieu s'élève un jet d'eau, dont le bassin, entouré de myrthes, d'ifs, de lauriers fleuris, paraît être le centre d'une espèce de scène formée par la verdure.

A droite de la maison et du jardin est une assez longue promenade, d'où l'on découvre une vaste étendue de paysages de tout genre; figurez-vous un amphithéâtre immense tel que la nature seule a pu le former, terminé par des collines embellies par des villages, des habitations, des forêts, des vignobles, qui offrent les plus séduisantes variétés; au-dessous est une plaine cultivée, coupée et arrosée par la Seine.

De la terrasse, on descend dans un jardin inférieur, d'où les fleurs exhalent les plus doux parfums; elles sont entremêlées d'arbustes toujours verds, auxquels le ciseau a donné différentes formes; dans ce jardin, coule une autre source, dont les eaux saillantes remplissent un vaste bassin ; ses bords sont couverts de gazon ; on y voit aussi des abeilles renfermées dans des ruches de verre, on devrait dire plutôt que l'on y voit des royaumes d'abeilles ; elles donnent en effet, l'exemple de l'activité, de la prévoyance, de la soumission au chef, et de tout ce qui peut constituer une république bien ordonnée.

Plus bas sont des jardins potagers de la plus grande fertilité, et qui enchantent également la vue par la beauté et l'abondance de leurs fruits ; c'est moins la culture que la belle et riche nature qui en fait l'agrément. La terre est si meuble et si fertile, qu'il serait difficile d'y rencontrer un caillou ; elle est couverte [illegible]; de légumes, d'arbustes, d'arbres à fruits : le tout est fécondé par des irrigations disposées pour ces diverses cultures.

Le bois du parc qui tient à la maison est percé par de nombreuses allées tracées avec autant de goût que d'intelligence ; il offre partout de secrètes et paisibles retraites. Ici est un labyrinthe qui présente des routes trompeuses ; là, un vaste bassin entouré d'arbres, qui forment une voûte naturelle, et répandent une aimable fraîcheur ; les eaux de ce bassin, en retombant sur elles-mêmes, sont reçues non dans un marbre superbe, mais sur un gazon frais et pur, qui les retient et les empêche d'abord de s'épancher, recouvrant bientôt leur liberté, elles s'échappent et forment un ruisseau qui coule sur le roc vif, et parcourt avec un doux murmure les sinuosités des bosquets ; les oiseaux viennent s'y désaltérer et prendre dans son onde argentée des bains délicieux. Après de longs circuits, il se dérobe comme furtivement en se précipitant avec rapidité sous la terre. Le tournoiement de ses eaux dans leur chûte produit alors un bruit agréable qui invite au sommeil. Non loin de là, il reparaît de nouveau, et brille sur un lit de verdure. Le bois retentit du ramage des oiseaux dont les concerts sont animés par le chant des rossignols, les douces plaintes et les gémissemens des tourterelles; des sièges de gazon offrent en divers endroits des stations agréables, ou une diversion à la fatigue de la promenade; elle est cependant dirigée sur une pente si douce, que l'on arrive insensiblement au plus haut du parc, sans s'apercevoir que l'on ait fait aucun effort pour y monter.

Au-dessous du bois, est une promenade très-spacieuse, ombragée par quatre lignes d'ormes; le sol en est tapissé par un gazon dont la teinte diffère de celle des arbres; cette promenade est fermée par un mur peu élevé, revêtu de buis. De cette hauteur, la vue s'étend aussi loin que de la sommité.

Si le parc et le clos, quoique vastes et proportionnés au luxe du tems, ne suffisent pas aux amateurs de la promenade, ils trouvent en sortant de la maison, de longues allées d'arbres qui les conduisent en pleine campagne sur la rive du fleuve; delà ils jouissent du brillant aspect de prairies embellies de toutes sortes de fleurs, et dont la verdure se renouvelle et se perpétue sans cesse; ils y voient errer des troupeaux de gros bétail et de brebis, signes certains de la richesse des campagnes : des saules rangés avec ordre offrent aux bergers et aux animaux un ombrage salutaire. La chasse y est partout libre, commode et abondante.

Je ne puis passer sous silence mon

ancienne habitation, qui a fait mes premières délices. Quoique placée au-dessous de celle que j'occupe, elle ne lui porte point envie, il ne lui manque rien de ce qu'un sage peut désirer ; je pense même qu'elle offre dans sa simplicité une sorte de philosophie qui reproche tacitement à certaines maisons de campagne leur luxe insensé.

Parmi les plaisirs que je goûte, une de mes plus douces satisfactions est de m'occuper davantage de culture que d'embellissement ; je donne la préférence à celle qui coûte plus de soins que de frais. Après avoir pourvu à ce que ma campagne ne me soit point à charge, j'en ai ordonné la dépense de manière qu'elle ne puisse attirer à son possesseur aucun reproche d'imprudence.

Au bas de mon habitation, est un bourg assez considérable, où l'on trouve des eaux salubres, des ouvriers en tout genre, et des voisins qui ne sont jamais importuns.

Est-ce donc à tort, mon cher Rollin, que je montre de l'attachement pour ma campagne, que je chéris une retraite qui fortifie mon ame, entretient ma santé, me distrait si agréablement des soins et des sollicitudes inséparables de la Cour et des affaires publiques, et dans laquelle, au milieu d'innocens plaisirs, je puis m'occuper de moi-même, et me livrer à mes idées favorites?

N'est-il pas permis à celui qui s'est dévoué tout entier à la chose publique, de passer sa vieillesse dans une douce solitude? Nous devons les premiers âges de la vie à la patrie, mais le dernier nous est réservé; les lois même paraissent consacrer cette maxime en dispensant des charges publiques, et en rendant au repos celui qui a atteint sa soixantième année. Plût à Dieu que je puisse consacrer ce repos à la sagesse!

De Villeneuve S.-George, *le* 4 *des kalendes de septembre* 1695.

C'EST toujours avec autant d'intérêt que de plaisir que l'on revoit un beau jour de prinptems et d'agrestes paysages. Pour en jouir, on quitte sans peine les fêtes, les spectacles et le luxe des villes. L'éclat des jardins somptueux éblouit quelques instans les yeux, mais il n'ouvre pas le cœur à ces douces émotions qu'il éprouve à la vue d'une riante prairie. Au milieu des travaux et des soucis d'une vie agitée, le vœu secret de la nature nous rappelle sans cesse aux charmes de la campagne. Frappé et préoccupé des beautés de celle que j'habite, j'ai essayé d'en faire la description. Au lieu de supposer qu'un ami, auquel j'ai adressé cette faible esquisse, ait commis une infidélité, en lui donnant une publicité à laquelle elle n'était pas destinée, je dirai ingénument que je l'ai livrée moi-même à l'impression ; flatté de l'idée qu'elle pourrait être agréable aux habitans du lieu, par la vérité et le sentiment qui ont guidé ma plume. Ce motif était pour moi plus que suffisant.

Lettre *écrite du Château de Beauregard, à M. ***, par M.* Vernier.

Je vous dois compte, mon ami, de mon long séjour au Château de *Beauregard*, sur Villeneuve-Saint-George ; je vais m'acquitter envers vous, en me reposant sur votre indulgente amitié.

Vous savez que j'ai toujours aimé la campagne, et par prédilection, les lieux élevés *qui ramènent la sérénité dans l'ame*, en sorte que je puis dire avec l'Auteur de cette observation *que jamais pays de plaine, quelque beau qu'il soit, ne paraîtra tel à mes yeux.*

Entraîné par ce goût dominant, je revois toujours avec un nouveau plaisir la maison et le domaine, qui, dans mon pays natal, composent mon faible patrimoine, parce qu'ils sont placés sur une haute montagne qui offre un des plus beaux sites, non-seulement de l'ancienne Franche-Comté, mais encore de la France entière.

Du moment où je me vis fixé à Paris, déterminé par le même sentiment, je louai la maison des Capucins de Meudon, dont la position est si agréable, que Voltaire écrivant de Prusse à l'un de ses amis, et voulant lui donner une idée des lieux qu'il habitait, lui disait qu'ils étaient aussi beaux que Meudon.

Cette maison ayant changé de propriétaire, je fus obligé de la quitter, et je me décidai pour celle que j'occupe actuellement. Vous applaudirez à mon choix, lorsque je vous aurai tracé une légère esquisse de sa situation et de ses agrémens. Mais, avant tout, je dois vous faire connaître l'impulsion irrésistible à laquelle j'ai obéi.

Le fracas, le bruyant tourbillon des grandes villes conviennent peu à cette

tranquillité

tranquillité si rapprochée du bonheur, et dont à mon âge on connaît tout le prix. J'éprouve malheureusement, ce que dit Chamfort, que *pour vivre au milieu du monde, il faut que le cœur se brise ou se bronze*, et je veux garantir le mien de l'un et de l'autre écueil.

Je crains surtout l'ennui, ce funeste poison de l'ame, qui la laisse sans vigueur, sans ressort, et la prive de son existence morale ; à peine j'en sens les approches, ou les premières atteintes, que mes vœux s'élancent vers ma campagne. Je jouis par anticipation des plaisirs purs et toujours nouveaux qu'elle me fait goûter, j'abandonne précipitamment cette superbe capitale, décorée, embellie, et pour ainsi dire renouvelée par un héros qui, dans un rare assemblage, réunit à un courage indompté, les grands talens d'administration, soit dans la paix, soit dans la guerre, le goût du beau, le génie des arts et tout ce qui peut distinguer l'être le plus favorisé de la nature ; par ce héros qui a innové avec tant de succès la tactique militaire, qui a bravé et démenti toutes les impossibilités politiques, et qui a prouvé sa mission par les grands miracles qu'il a opérés.

Le moment de mon départ, impatiemment attendu, arrive enfin. Deux routes s'offrent à mon choix pour le trajet ; l'une que je prends fort rarement, prolongerait mon ennui, en m'obligeant de traverser une grande partie de cette immense cité, qui offre à l'œil étonné, des villes entassées sur des villes, un contraste perpétuel d'agitation et de calme, de palais et de chaumières, de misère et d'opulence.

L'autre route, à laquelle je donne volontiers la préférence, me porte plus rapidement au-dehors par les boulevards qui se dirigent à Vitry. A peine ai-je franchi la barrière, que mon cœur oppressé semble respirer plus librement. La route agréable par elle-même, est de plus enrichie des deux côtés, de nombreuses pépinières peuplées de bois de toutes espèces, et de toutes grandeurs. J'arrive bientôt au bac de Choisy, et delà, en quelques minutes, à ma demeure solitaire, au château de Beauregard. Ce n'est que sur les lieux même que l'on peut bien juger et apprécier les agrémens et les richesses de son site.

Ce château, placé sur une montagne aux deux tiers de sa hauteur, domine le vaste bassin de la Seine, embelli de tout ce que l'art et la nature ont de plus séduisant.

A 200 toises au-dessous et au midi de cette habitation, ce fleuve forme un cercle convexe qui, par des détours multipliés, se prolonge de droite et de gauche, à plus de deux lieues de distance, sans rien dérober à l'œil de ses différentes sinuosités.

C'est du centre même de la convexité de ce cercle, que la vue en face du château a sa principale direction, ensorte qu'au premier aspect, on doute si le beau lit de la Seine n'a pas été creusé pour l'embellissement de ce lieu; ou si le génie du goût n'a pas décidé l'emplacement de la maison, dans ce point peut-être unique, où des beautés sans nombre viennent se multiplier aux yeux du spectateur.

Plus loin, au-delà du fleuve, est une immense et fertile plaine, terminée par des côteaux qui forment un demi-cercle concave très-alongé. Ces côteaux couronnés par des vignes, des forêts, des parcs, des jardins, des allées symétriques, des châteaux, des moulins et des villages sans nombre, fixent et terminent agréablement la vue, en la laissant incertaine sur l'endroit où elle se reposera de préférence.

Portant vos regards plus loin, en suivant d'orient en occident la direction des côteaux, vous parcourez un espace de cinq à six lieues, varié par de nouveaux tableaux, de nouvelles décorations et des paysages enchanteurs.

De cette habitation, on découvre les dômes, les tours, les grands édifices de la capitale, les montagnes de Montmartre, du Calvaire; et du côté opposé, l'antique fanal de Montlhéry. Rien n'est soustrait à la vue, on peut même l'étendre et la resserrer à son gré : de quelque côté qu'on la porte, on rencontre les grands traits de la nature aussi fortement que gracieusement prononcés.

Pour correspondre et ajouter à la beauté du coup-d'œil, l'effet de la perspective, dans toutes ses parties, y est vivifié par des productions de toute espèce, par une végétation brillante, par la circulation perpétuelle d'une grande route, sur laquelle on découvre très-distinctement les voitures à plus d'une lieue de distance.

En quelque instant que l'on promène ses regards sur la Seine, on la voit, soit en remontant, soit en descendant, couverte de trains de bois, de charbon, de provisions de tout genre, de coches, de bateaux, ce qui produit un mouvement continuel et le plus intéressant des tableaux. C'est de ce côté que Paris reçoit par la Seine descendante ses principaux approvisionnemens.

Quoique très-élevée, cette habitation jouit de l'avantage inappréciable d'avoir même dans les sécheresses, des eaux abondantes, limpides, salubres et toujours fraîches. Elles alimentent le château, la ferme et ses dépendances, et font jouer deux jets-d'eau, dont l'un a 18 pieds d'élévation ; elles retombent ensuite par cascades dans une rivière anglaise, d'où elles se perdent sous terre, sans rendre le terrein marécageux ; leur abondance est telle que, bien dirigées, elles pourraient suffire au service d'un moulin.

Malgré la pente assez rapide de la montagne, on a ménagé transversalement plusieurs terrasses parfaitement nivelées, de plus de 500 pas de longueur. A l'extrémité orientale de celle qui est située au-dessous du château, est un très-beau cabinet de verdure à trois portes, au milieu duquel s'élève un jet-d'eau qui entretient un bassin où les objets environnans sont représentés comme dans la glace la plus pure. De ce cabinet on découvre plusieurs beaux jardins du voisinage, des bois et des berceaux parfaitement soignés et entretenus. La vue, du haut des terrasses, n'est bornée que par un immense rideau qui laisse à découvert une foule de paysages dont la variété égale la magnificence.

Sous un même point de vue s'offrent à la fois des plaines fertiles, des bois, de nombreux villages, de rians coteaux, dont l'ensemble distribué à souhait pour le plaisir des yeux, est animé par des routes très-fréquentées et le brillant canal de la Seine, qui par ses contours semble se multiplier et se reproduire. La réunion de tant de beautés diverses sourit à l'imagination, transporte insensiblement le spectateur hors de lui-même, et dans un mouvement involontaire il s'écrie : quelle galerie peut entrer en parallèle avec un spectacle aussi imposant.

Si je m'arrêtais ici, vous m'observeriez peut-être avec une sorte d'inquiétude, que ces descriptions, quelques vraies et séduisantes qu'elles puissent être, laissent à désirer dans le circuit de la maison, des eaux, des bois, de la verdure, de l'ombrage, au milieu desquels on aime à rechercher et à découvrir ces retraites sombres et paisibles où l'on s'isole si agréablement pour y méditer en liberté.

Spécialement favorisé de la nature, ce site privilégié jouit encore de ces précieux avantages.

A l'Orient de la maison, est le premier bassin qui reçoit les eaux des sources; il est peuplé de poissons de diverses couleurs qui viennent prendre la nourriture à la main, et entouré d'un petit jardin anglais, décoré avec goût, planté d'arbres à fruits, d'arbustes à fleurs, que les eaux entretiennent toujours dans leur première fraîcheur. Lorsque le soleil est à la moitié de son cours, on a l'agrément de s'y reposer sous l'ombrage. Il est cultivé par un sage qui en fait ses délices.

Un parc d'une assez grande étendue communique au jardin et fait le principal ornement de l'habitation. Il est planté par intervalles d'arbustes qui forment des berceaux d'arbres fruitiers, de vignes, et couvert d'un bois percé par de grandes allées et de nombreux sentiers en forme de labyrinthe. Entraîné par un charme puissant, on aime à s'égarer dans ces sentiers, qui après divers détours, conduisent à des solitudes agréables, dont le profond silence n'est interrompu que par le chant des oiseaux. C'est-là que, seul avec la nature, qui porte à tous les sens le baume de la joie et de la consolation, avec celui des fleurs, on est comme surpris de se retrouver avec soi-même et de goûter cette paix intérieure, dont le sentiment produit la douce illusion d'un bonheur sans mélange.

Du parc on atteint promptement et avec facilité le haut de la montagne qui domine et annonce au loin Villeneuve-Saint-George. Arrivé au pied du moulin à vent, élevé sur cette montagne, un horizon sans bornes ferait croire que l'on est sur la sommité du globe; de vastes plaines couvertes de forêts et de fertiles moissons, entrecoupées de collines et de rivières, fixent par-tout les regards et offrent de nouvelles jouissances.

A l'une des extrémités de cette montagne, et près des rochers qui la terminent au midi, on a la perspective d'un paysage qui rivalise en beauté avec ceux que je viens de décrire. C'est un vallon décoré de tout ce qui peut embellir sa circonférence; dans le fond, coule à pleins bords, au milieu d'une riante prairie, la rivière d'Hyère, ombragée de saules et de peupliers, jusqu'à l'entrée du village, où elle réunit ses eaux à celles de la Seine, en formant une espèce de port pour les barques et les bateaux. Dans le centre de ce vallon est un très-beau moulin que l'on prendrait pour une maison de plaisance ; il est entouré d'arbres d'un verd étincelant, qui semblent vous inviter à descendre du coteau pour venir prendre le frais sous leur ombrage.

A la jonction des deux rivières est une fort belle terrasse qui fait angle et domine le port. Elle est couverte d'arbres à haute tige d'un aspect si imposant, que l'on résiste difficilement au désir de jouir du coup-d'œil qu'elle doit offrir, et de parcourir l'enceinte qu'elle termine. Les agrémens que l'on y trouve sont bien au-dessus de l'idée que l'on s'en était d'abord formée.

Les heureux propriétaires de cette habitation (1) se font un plaisir de vous accompagner dans de vastes et magnifiques jardins, cultivés à la manière de Montreuil, et enrichis des plus beaux

(1) M. Joly-de-la-Tour, Maire du lieu, et son épouse.

fruits. La terrasse et les rivières ayant disparu à nos yeux, vous oubliez quelques instans ce qui avait fait l'objet de votre curiosité; mais vos aimables conducteurs, pour vous procurer un nouveau plaisir, celui de la surprise, dirigent insensiblement vos pas au centre de la terrasse, dans le point où elle forme un demi-cercle élevé à grands frais sur les eaux. Là, vous êtes frappé d'étonnement à la vue d'un paysage d'une immense étendue, dont la variété et les agrémens ne peuvent être balancés par les produits de la plus riche imagination. Après avoir long-tems admiré tout ce qui vous environne, vous quittez à regret des lieux dont vous êtes aussi enchanté que des personnes qui les habitent.

C'est une satisfaction bien douce de pouvoir épancher de son cœur, lorsqu'une solitude trop profonde ou trop prolongée en provoque le désir; c'est souvent même un besoin si impérieux que l'on regarde naturellement comme très-malheureux celui qui est obligé de vivre seul. On peut facilement ici se procurer cette distraction, sans laquelle la solitude deviendrait un tombeau, et goûter à volonté des plaisirs aussi purs que l'air qu'on y respire.

Dans le bourg voisin du château, existent plusieurs habitans recommandables, dont la société toujours ouverte à l'amitié, mérite d'être recherchée, par l'urbanité, la franchise et la cordialité qui s'y trouvent réunies.

Je pourrais beaucoup ajouter au tableau des ressources qu'offre cette localité; mais de plus longs détails passeraient les bornes d'une lettre. Cependant je ne dois pas vous laisser ignorer que l'on y trouve encore tout ce qui peut contribuer aux douceurs et aux commodités de la vie ; voitures journalières par eau et par terre ; artistes en tout genre ; raffinerie de sucre dirigée par un propriétaire aussi probe qu'intelligent (M. Cotterot), ouvriers de toute espèce, bouchers toujours bien approvionnés. Joignez-y les plaisirs de la pêche, ceux de la chasse, qui peuvent vous procurer alternativement des jouissances de bien des genres, et vous donner constamment la facilité de varier à loisir les mets de votre table.

Aucun de ces objets ne doit paraître indifférent à celui qui n'affiche pas une austérité déplacée. L'homme sage ne dédaigne point les agrémens de la vie ; il se fait un plaisir d'en user, et se borne à ne les pas rechercher avec trop d'empressement.

Telle est, mon ami, la campagne que j'habite ; elle réunit ce qui peut plaire aux hommes d'un goût épuré ; à ceux même qui recherchent les commodités de la vie, et sur-tout à ceux qui, dans un âge avancé, désabusés des illusions du monde, et dégagés de toute ambition, savent apprécier les charmes de la retraite. Vous en jugerez mieux si j'ai le bonheur de vous y posséder; mon cœur et mes vœux vous y appellent, vous ne pouvez trop vous hâter de satisfaire mes désirs et mon impatience.

Recevez l'assurance de mon sincère attachement.

FIN.

www.ingramcontent.com/pod-product-compliance
Ingram Content Group UK Ltd.
Pitfield, Milton Keynes, MK11 3LW, UK
UKHW020216200726
13856UKWH00004B/1433